William Blake
Die Hochzeit von Himmel und Hölle

William Blake

Die Hochzeit von Himmel und Hölle

Nachdichtung von
Timo Kölling

Timo Kölling
© 2003 / 2016 / 2019
Herstellung und Verlag: BoD – Books on Demand, Norderstedt.
ISBN: 9783748163053

VORBEMERKUNG

Diese Übertragung entstand in den Tagen vom 26. Dezember 2002 bis 2. Januar 2003, in engem Zusammenhang mit meinem zweiten Gedichtband »Versuch eines Winters«. Im Frühjahr 2003 erschienen 75 Exemplare in einer handgefertigten Privatauflage; eine öffentliche Ausgabe hat es bislang nicht gegeben. Es handelt sich um den Versuch eines 24-Jährigen, in deutscher Sprache sowohl die Bildlichkeit als auch die Begrifflichkeit von Blakes 1789/90 entstandener philosophischer Dichtung angemessen wiederzugeben; auf diese Weise wurde die Übertragung zur Nachdichtung. Der Text von 2002/03 wurde im Mai 2016 und Januar 2019 korrigiert und leicht bearbeitet. Wie eng sich der Gehalt von Blakes Dichtung mit dem zwischenzeitlich veröffentlichten Fragment »Die Waage im Ungrund« – ebenfalls aus dem Jahr 2003 – berührt, wird dem einen oder anderen Leser nicht entgehen. Das Titelbild, übrigens, zeigt eine anspruchslose Aquarellzeichnung; jedes Exemplar der Privatauflage von 2003 war mit einer Zeichnung dieser Art versehen.

TK, Mariä Lichtmess 2019

Tafel I [Titel]

DIE HOCHZEIT
VON
HIMMEL UND HÖLLE

DIE BEGRÜNDUNG

Rintrah brüllt und schüttelt in der schwangeren Luft sei-
ne Feuer;
Wolken, hungrig, hängen über der Tiefe.

Einst, sanften Mutes und auf gefährlichem Pfad,
Zog der Gerechte seine Bahn entlang
Der Senke des Todes.

Rosen sind, wo Dornen wachsen, gepflanzt,
Und über blüteloser Heide
Singen die Honigbienen.
Dann ward der gefährliche Pfad bepflanzt,
Und ein Fluß und ein Quell
Auf jedem Fels und jedem Grab.
Und über den gebleichten Knochen
Gebar rote Erde,

Bis der Gewissenlose die unbeschwerten Wege verließ,
Um auf gefährlichen Pfaden zu wandern, und zu treiben
In die wüsten Gefilde den Gerechten.

Jetzt treibt ihr Wesen, kriechend, die Schlange
In sanfter Demut,
Und der Gerechte rast umher in der Wildnis,
Wo Löwen streifen.

Rintrah brüllt und schüttelt in der schwangeren Luft sei-
ne Feuer;
Wolken, hungrig, hängen über der Tiefe.

Tafel III

Da ein neuer Himmel im Anfänglichen steht, und seit seiner Ankunft es dreiunddreißig Jahre sind, kehrt jetzt auch die Ewige Hölle wieder. Und siehe! Swedenborg ist, am Grabe hockend, der Engel; seine Schriften sind, gefaltet, aus Leinen die Kleider. In diesem Nu geschehen die Herrschaft Edoms und Adams Rückkehr in das Paradies (siehe Jesaja XXXIV & XXXV).

Ohne Gegensätze ist Fortschreiten nicht. Anziehung und Abstoßung, vernünftiges Denken und wirkende Allkraft, Liebe und Haß: notwendig sind sie dem menschlichen Sein.

Diesen Gegensätzen entspringt, was die Frommen gut und böse nennen. Das Gute ist das Leidsame, das dem Verstand gehorcht. Das Böse ist das Tätige am Grund der wirkenden Allkraft.

Das Gute ist der Himmel. Das Böse ist die Hölle.

DIE STIMME DES TEUFELS

Alle Bibeln oder heiligen Gesetzwerke waren die Ursachen folgender Irrtümer:

1. Daß der Mensch zwei je für sich wirkende Wesenheiten habe: einen Körper und eine Seele.
2. Daß die Werkkraft – genannt das Böse – allein vom Körper herrühre, die Vernunft – genannt das Gute – allein von der Seele.
3. Daß Gott den Menschen in Ewigkeit dafür bestrafen werde, daß er der Werkkraft – der in ihm wirkenden Allkraft – folgt.

Die folgenden Gegensätze dessen aber sind wahr:

1. Der Mensch hat keinen von der Seele verschiedenen Leib, denn das Leib Genannte ist ein Gewende der Seele, aus dem Ganzen gelöst kraft der fünf Sinne, welche die Wirkstellen der Seele in unserer Ewe sind.
2. Werkkraft ist das einzige Leben und rührt her vom Leib, und der Verstand ist die Schranke oder äußere Umzirkung der Werkkraft.
3. Werkkraft ist Ewige Freude.

Die, welche die Begierde unterdrücken, tun es, weil die ihre schwach genug ist, um unterdrückt werden zu können; und der Unterdrücker oder Verstand nimmt den Sitz der Begierde ein und beherrscht den Begierdelosen.

Und unterdrückt, wird sie allmählich leidsam, bis sie nur noch ein Schatten von Begierde ist.

Die Geschichte davon ist aufgeschrieben im Verlorenen Paradies, und der Beherrscher oder Verstand heißt Messias.

Und der urbildliche Erzengel oder Inhaber der Befehlsgewalt über die Himmlischen Heerscharen heißt Teufel oder Satan, und seine Kinder heißen Sünde und Tod.

Im Buche Hiob aber wird Miltons Messias Satan genannt.

Denn beide Seiten haben diese Geschichte übernommen.

Tatsächlich erschien es der Vernunft, als wäre die Begierde ausgetrieben worden. Der Teufel aber behauptet, der

Messias sei abgefallen und habe einen Himmel geformt aus dem, was er dem Abgrund entwendete.

Gezeigt wird dies in der Freudigen Botschaft, wo er zum Vater betet, den Tröster oder die Begierde zu senden, daß der Verstand Bilder habe, damit zu erschaffen sei; denn der Jehovah der Bibel ist kein anderer als Der im flammenden Feuer wohnt.

Wisset, daß er nach Christi Tod Jehovah wurde.

Bei Milton aber ist der Vater das Schicksal, der Sohn ein Denkgrund der fünf Sinne, und der Heilige Geist – Leere?

Merke: der Grund, warum Milton in Fesseln schrieb, wenn er von Engeln und Gott, und warum in Freiheit, wenn er von Teufeln und der Hölle schrieb, ist, daß er ein wahrer Dichter war und auf Seiten des Teufels, ohne es zu ahnen.

EINE ERINNERLICHE VORSTELLUNG

Als ich durch die Feuer der Hölle ging, erfreut von den Genüssen des Geistes, welche Engeln wie Pein oder Wahnsinn erscheinen, sammelte ich einige ihrer Sprichworte. Denn ich dachte, wie die in einem Land gebräuchlichen Redensarten bezeichnend sind für seinen Charakter, so müßten die Sprichworte der Hölle besser als jede Beschreibung von Bauten und Gewändern das Wesen der höllischen Weisheit offenbaren.

Als ich eintrat, sah ich über dem Abgrund der fünf Sinne, wo ein glatter Steilhang auf die gegenwärtige Welt herabdroht, in schwarze Wolken gehüllt einen mächtigen Teufel an den Felshängen schweben. Mit verzehrenden Feuern schrieb er den folgenden Satz, den Menschensinn jetzt, auf Erden ihn lesend, vernimmt:

Woher denn wißt ihr, ob nicht jeder Vogel, durchschneidend die Luft,
Unermeßlich, eine Welt der Freude ist, verschlossen euch von eurer Sinne Fünf?

Tafeln VII – X

SPRICHWORTE DER HÖLLE

Zur Saatzeit lerne, zur Erntezeit lehre, im Winter genieße.

Lenke deinen Karren und deinen Pflug über die Knochen der Toten.

Die Straße der Ausschweifung führt zum Palast der Weisheit.

Vorsicht ist eine reiche, häßliche, alte Jungfer, hofiert vom Unvermögen.

Der begehrt, aber nicht handelt, brütet Siechtum aus.

Der zerschnittene Wurm verzeiht dem Pflug.

Den tauche in den Fluß, der das Wasser liebt.

Ein Narr sieht nicht denselben Baum, den ein Weiser sieht.

Dessen Antlitz kein Licht wirft, wird niemals zum Stern.

Die Ewigkeit ist verliebt in das Gestelle der Zeit.

Die fleißige Biene hat keine Zeit für Sorgen.

Die Stunden der Narrheit mißt die Uhr, aber die der Weisheit kann keine Uhr messen.

Alle Nahrung, die heilt, wird nicht gefangen in Netz oder Falle.

Erkenne Zahl, Gewicht und Maß in einem Jahr des Mangels.

Kein Vogel steigt zu hoch, der mit den eigenen Flügeln steigt.

Ein toter Leib rächt Verwundungen nicht.

Die erhabenste Tat: einen anderen über dich zu stellen.

Bestünde der Narr auf seiner Narrheit – er würde weise werden.

Dummheit ist der Mantel der Hinterlist.

Scham ist der Mantel des Stolzes.

Gefängnisse werden aus Steinen des Gesetzes erbaut, Lusthäuser mit Ziegeln der Religion.

Der Stolz des Pfauen ist die Herrlichkeit Gottes.

Die Brunst des Bockes ist die Großmut Gottes.

Der Zorn des Löwen ist die Weisheit Gottes.

Die Nacktheit der Frauen ist das Werk Gottes.

Der Traurigkeit Übermaß lacht, der Fröhlichkeit Übermaß weint.

Das Brüllen der Löwen, das Heulen der Wölfe, das Wüten der See im Sturm sowie das Schwert, das zerstört, sind Gewende der Ewigkeit, zu groß für das Auge des Menschen.

Der Fuchs verdammt die Falle, nicht sich selbst.

Freuden befruchten, Wehen gebären.

Laßt den Mann das Fell des Löwen tragen, die Frau die Wolle des Schafes.

Dem Vogel ein Nest, der Spinne ein Netz, dem Menschen Freundschaft.

Den selbstgefällig lächelnden Narr und den verdrießlich gaffenden Narr stelle dir weise vor, damit sie dir zur Peitsche werden.

Was jetzt bewiesen wird, ward einst bloß vorgestellt.

Ratte, Maus, Fuchs und Hase spannen nach Wurzeln; Löwe, Tiger, Pferd und Elefant spannen nach Früchten.

Das Becken bewahrt, die Quelle fließt über.

Ein einziger Gedanke füllt das Unermeßliche.

Sei immer bereit, deinem Geist gemäß zu sprechen, und der Niedrige wird dir aus dem Weg gehen.

Alles, was geglaubt werden kann, ist ein Bild der Wahrheit.

Der Adler verlor nie soviel Zeit, als da er sich unterwand, von der Krähe zu lernen.

Der Fuchs sorgt für sich selbst, für den Löwen sorgt Gott.

Denke am Morgen, handle am Mittag, iß am Abend, schlafe in der Nacht.

Der es erduldete, von dir beeindruckt zu sein, kennt dich.

Wie der Pflug Worten folgt, so belohnt Gott Gebete.

Die Tiger des Zorns sind weiser als die Pferde der Gelehrsamkeit.

Befürchte Gift vom stehenden Gewässer.

Du wirst niemals wissen, was genug ist, wenn du nicht weißt, was mehr als genug ist.

Höre auf des Narren Tadel! Er ist eine königliche Würdigung!

Die Augen aus Feuer, die Nüstern aus Luft, der Mund aus Wasser, der Bart aus Erde.

Der an Mut Schwache ist stark an Hinterlist.

Der Apfelbaum fragt niemals die Buche, wie er zu wachsen, noch der Löwe das Pferd, wie er seine Beute zu erlegen habe.

Der dankbare Empfänger trägt reiche Ernte.

Wären nicht andere töricht gewesen, müßten wir es sein.

Süßer Freude Seele kann nie beschmutzt werden.

Siehst du einen Adler, so siehst du ein Gewende des Urgeists. Erhebe dein Haupt!

Wie die Raupe die schönsten Blätter sucht, darauf ihre Eier zu legen, so legt der Priester seinen Fluch auf die schönsten Freuden.

Eine kleine Blume zu erschaffen, ist Mühsal von Ewen.

Verdamme Banden – segne Entbindendes.

Der beste Wein ist der älteste, das beste Wasser das neueste.

Gebete pflügen nicht! Preisungen ernten nicht!

Freuden lachen nicht! Schmerzen weinen nicht!

Das Haupt Größe, das Herz Leidenschaft, das Geschlecht Schönheit, Hände und Füße Ebenmaß.

Was die Luft dem Vogel oder das Meer dem Fisch, ist Verachtung dem Verächtlichen.

Die Krähe wünscht, daß alles schwarz, die Eule, daß alles weiß sei.

Überschwang ist Schönheit.

Ließe der Löwe sich vom Fuchs belehren, so wäre er listig.

Bedenken fertigen gerade Wege, doch die gewundenen Wege sind die Wege des Geistes.

Eher ein Kind in seiner Wiege töten, als tatlos Begierden zu nähren.

Wo der Mensch nicht ist, ist das Gebärende fruchtlos.

Die Wahrheit kann niemals so gesagt werden, wie sie zu verstehen ist – und niemals bloß geglaubt.

Genug! oder zuviel.

Tafel XI

Die alten Dichter beseelten alle wahrnehmbaren Dinge mit Göttern oder Geistern, indem sie Namen für sie fanden und sie mit dem jeweiligen Wesen von Wäldern, Flüssen, Bergen, Seen, Städten, Völkern und allem sonst veredelten, was ihre geweiteten und zahlreichen Sinne wahrzunehmen imstande waren.

Und vor allem erschauten sie eines jeden Landes Urgeist und die Stelle seiner geistigen Gottheit.

Bis ein System sich sonderte, das einige zu ihrem Vorteil benutzten, um die Gemeinen zu versklaven, indem sie versuchten, den geistigen Gottheiten eine Wirklichkeit oder Gestalt außerhalb ihrer dinglichen Stätten zu verleihen – so nahm das Priestertum seinen Anfang.

Die Weisen der Anbetung entwendete es der Dichtung.

Und schließlich behauptete es, die Götter hätten es auf solche Weise befohlen.

So vergaßen die Menschen, daß alle Gottheiten in des Menschen Brust wohnen.

EINE ERINNERLICHE
VORSTELLUNG

Die Propheten Jesaja und Hesekiel speisten mit mir, und ich frug sie, wie sie so einfach zu behaupten sich hatten getrauen können, Gott hätte zu ihnen gesprochen; und ob sie zu jener Zeit nicht daran gedacht hatten, sie könnten mißverstanden und so zur Ursache werden für Betrug.

Jesaja antwortete: Weder sah ich, noch hörte ich einen Gott in einer durch den Leib beschränkten Wahrnehmung; aber meine Sinne entschleierten das Unendliche in jedem Gegenstand, und da ich auf diese Weise die Überzeugung gewann (und in ihr verharre), die Stimme unverstellten Zürnens sei die Stimme Gottes, kümmerte ich mich nicht um die Folgen, sondern schrieb.

Dann frug ich: Vermag die feste Überzeugung, daß etwas so sei, es so zu machen? Er antwortete: Alle Dichter glauben, daß sie es vermag, und in den Ewen unverminderter Bildkraft versetzte eine solche Überzeugung Berge. Viele (der Heutigen) aber sind einer festen Überzeugung in keiner Weise fähig.

Dann sagte Hesekiel: Die Philosophie des Ostens lehrte die ersten Wesensgründe menschlicher Wahrnehmung. Einige Völker hielten den einen Grund für den Ursprung, einige einen anderen; wir von Israel aber lehrten, der dichterische Urgeist (wie Ihr es jetzt nennt) sei Erster Grund, und alle anderen seien bloße Ableitungen – was uns bewog, die Priester und Philosophen anderer Länder zu verachten, und zu prophezeien, letzthinnig würden alle Götter als beursprungt in Dem Unseren erkannt werden, nämlich als dem dichterischen Urgeist Tributleistende. Es war dies, was unser großer Dichter König David so glühend ersehnte, und was er leidenschaftlich beschwört, wenn er sagt, auf solche Weise besiege er Feinde und regiere er Königreiche. Und wir liebten unseren Gott so sehr, daß wir in Seinem Namen alle Götter der Nachbarvölker verfluchten, und behaupteten, sie wären Abgefallene. Dieser Behauptung wegen waren die Gemeinen zu glauben gezwungen, endlich würden alle Völker untertan sein den Juden.

Dies, sagte er, wie alle festen Überzeugungen, hat sich erfüllt, den alle Völker glauben an das Gesetz der Juden und verehren den Gott der Juden, und welche Unterwerfung wäre eine größere?

Ich hörte dies mit einigem Staunen und muß bekennen, überzeugt worden zu sein. Nach dem Mahl bat ich Jesaja, die Welt mit den verloren gegangenen seiner Werke zu beschenken; er aber sagte, es sei von gleichem Werte nichts verloren. Hesekiel sagte dasselbe von seinen Werken.

Auch frug ich Jesaja, was ihn bewogen habe, drei Jahre lang nackt und barfuß zu gehen; er antwortete, dasselbe, was unseren Freund Diogenes, den Griechen, bewogen hat.

Dann frug ich Hesekiel, warum er Dung gegessen und lange Zeit jeweils auf seiner rechten und linken Seite gelegen habe. Er antwortete: der Wunsch, andere Menschen zu einer Wahrnehmung des Unendlichen emporzuheben, wie die Stämme Nordamerikas es tun; und wer, wenn er rein ist, widersteht denn seinem Geist oder Gewissen einzig zum Zwecke kurzweiliger Lust oder Befriedigung?

Tafel XIV

Die alte Sage, wonach die Welt nach sechstausend Jahren vom Feuer verzehrt werde, ist wahr, wie ich aus der Hölle gehört habe.

Dem Cherub mit seinem flammenden Schwert ist jetzt nämlich befohlen, seinen Posten am Baum des Lebens zu verlassen, und sobald er dies tut, wird die gesamte Schöpfung verzehrt werden, und wird unendlich und heilig erscheinen, so wie sie jetzt begrenzt und verdorben erscheint.

Dies wird geschehen durch ein Überbranden der Sinnesfreude.

Zunächst aber muß die Vorstellung vernichtet werden, der Mensch hätte einen von der Seele verschiedenen Leib. Ich werde diese Vernichtung jetzt ins Werk setzen, indem ich auf die höllische Weise mit Ätzstoffen drucke, deren Wirkung in der Hölle eine wohltätige und heilende ist. Sie bringen, was die Oberflächen der Dinge zu sein schienen, zum Schmelzen, hervorkehrend dann, was verborgen war, das Unendliche.

Lägen die Tore der Wahrnehmung offen, würde jeder Gegenstand sich dem Menschen vorstellen, wie er ist: unendlich.

Denn der Mensch hat sich seinen Sinn verstellt, daß er alles (bloß noch) durch die schmalen Spalten seiner Höhlung sehe.

Tafel XV

In der Hölle besichtigte ich eine Druckerei und sah die Weise, wie von Geschlecht zu Geschlecht das Wissen überliefert wird.

In der ersten Kammer war ein Drachenmann, Schutt von der Öffnung einer Höhle räumend, worin einige Drachen dabei waren, den Hohlraum weiter auszuschachten.

In der zweiten Kammer war eine Viper, um Fels und Höhle sich windend; und andere, die sie mit Gold, Silber und Edelsteinen schmückten.

In der dritten Kammer war ein Adler mit Schwingen und Federn ganz aus Luft. Er machte das Innere der Höhle unendlich; ringsum waren Menschen wie Adler, die in den gewaltigen Felsen Paläste errichteten.

In der vierten Kammer waren Löwen aus Feuerflammen, umherrasend und Metall umschmelzend zu lebendiger Tinktur.

In der fünften Kammer waren Wesen, namenlos, welche die Metalle in die (grenzenlose) Weite schleuderten.

Diese wurden aufgefangen von Männern, die die sechste Kammer bewohnten, und nahmen, aufgestellt in Bibliotheken, die Gestalt von Büchern an.

Tafeln XVI & XVII

Die Riesen, die dieser Welt ihre sinnliche Gestalt verliehen haben, und die jetzt in ihr in Ketten zu leben scheinen, sind in Wahrheit Ursache ihres Lebens und Quell ihrer Tätigkeit. Die Ketten aber sind die List schwacher und zahmer Geister, welche die Macht haben, der wirkenden Allkraft zu widerstehen, gemäß dem Sprichwort: Der an Mut Schwache ist stark an Hinterlist.

So ist eine Seite des Seins die hervorstellende, die andere die verbergende – und dem Verberger erscheint es, als hätte er den Hervorstellenden in Ketten gelegt. So aber ist es nicht, denn der Verberger begreift nur Stücke des Seins und stellt sich diese (in ihrer Summe) als das Ganze vor.

Indes der Hervorstellende würde aufhören, Hervorsteller zu sein, finge die Überfülle seiner Freuden nicht der Verberger auf wie ein Meer.

Einige werden einwenden: Ist Gott allein nicht der Hervorstellende? Ich antworte: Gott wirkt und west einzig in lebendigen Gestalten oder Menschen.

Diese zwei Arten von Menschen sind immerdar auf Erden, und sie sollten Feinde sein. Wer immer sie zu versöhnen trachtet, sucht das Leben zu zerstören.

Religion ist ein Versuch, die beiden zu versöhnen.

Merke: Jesus Christus wünschte nicht, sie zu vereinen, sondern sie zu trennen, wie in dem Gleichnis von den Schafen und Böcken; und er sagt: Ich bin nicht gekommen, den Frieden zu bringen, sondern das Schwert.

Der Messias oder Satan oder der Versucher ward vorgestellt, früher, als einer von Jenen vor der Sintflut, und ist jetzt aber erkannt als unsere wirkende Allkraft.

Tafeln XVII – XX

EINE ERINNERLICHE
VORSTELLUNG

Ein Engel kam zu mir und sagte: O bedauernswerter, tö-
richter Jüngling! O entsetzlicher! o furchtbarer Zu-
stand! Bedenke doch das brennend heiße Verlies, das du
dir selbst bereitest für alle Ewen; auf das du zuschreitest
in solchem Wandel.

Ich sagte: Vielleicht bist du willens, mein ewiges Los mir
zu zeigen, damit wir gemeinsam ihm nachsinnen kön-
nen, und erkennen, ob dein Los oder meines das begeh-
renswertere sei?

So führte er mich durch einen Stall und durch eine Kir-
che und hinab in die Kirchengruft, an deren Ende eine
Mühle war. Durch diese Mühle schritten wir hindurch
und kamen zu einer Höhlung. Hinab die gewundene
Höhlung ertasteten wir mühsam uns den Weg, bis unter
uns eine Leere aufklaffte, wie ein umgekehrter Himmel
grenzenlos, und wir hielten uns fest an den Wurzeln von
Bäumen, die über dieser Unermeßlichkeit hingen. Ich
aber sagte: So es dir gefällt, sollten wir uns dieser Leere
anheimgeben, um zu erfahren, ob auch hier das Ge-

schick wirkt. Willst du aber nicht, so werde ich es tun. Er aber antwortete: Wage es nicht! o Jüngling, sondern gewahre, hier mit mir ausharrend, dein Los, das bald, wenn die Dunkelheit weicht, sich zeigen wird.

So blieb ich bei ihm, hockend im verzweigten Wurzelwerk einer Eiche. Er aber wurde gehalten von einem Pilz, welcher kopfüber in die Tiefe hing.

Allmählich gewahrten wir den unendlichen Abgrund wie feurigen Rauch einer brennenden Stadt. Unter uns, in einer unmeßbaren Ferne, befand sich die Sonne, schwarz, aber leuchtend; rundum feurige Strahlen, an denen riesige Spinnen sich wanden, nachschleichend ihrer Beute, die in der unendlichen Tiefe umherflog oder vielmehr -schwamm, in Gestalt, grauenerregend, von Tieren, dem Verderben entsprungenen. Und die Luft war von ihnen erfüllt, ja schien rein aus ihnen zusammengesetzt. Dies sind Teufel, Mächte der Luft genannt. Nun frug ich meinen Begleiter, welches mein ewiges Los sei. Er sagte: Zwischen den schwarzen und weißen Spinnen.

Dort aber, zwischen den schwarzen und weißen Spinnen, brachen eine Wolke und Feuer hervor und wälzten sich durch die tiefe Schwärze überall unter uns; die Tiefe wurde zu einem schwarzen Meer, umherwogend in furchtbarem Getöse.

Unter uns war jetzt nichts zu sehen als schwarzer Aufruhr, bis wir, nach Osten blickend, zwischen den Wolken und den Wogen, gemischt aus Feuer und Blut, einen wirbelnden Strom sahen, und kaum einen Steinwurf entfernt erschien und versank die geschuppte Windung einer gewaltigen Schlange. Schließlich, im Osten, etwa drei Grad entfernt, tauchte ein feuriger Kamm über den Wogen auf; langsam erhob er sich wie eine Krone aus Felsen, in Gold getaucht – bis wir zwei tiefrote Bälle aus Feuer entdeckten, von denen das Meer fortstob in Schwaden von Dampf; und jetzt sahen wir, daß es das Haupt des Leviathan war. Seine Stirn teilte sich in Streifen grün und purpur, wie die Streifen auf der Stirne eines Tigers. Bald sahen wir sein Maul und rote Lefzen dicht über der tobenden Gischt, färbend mit Strahlen von Blut all die schwarze Tiefe, und sich bewegend, auf uns zu, mit der ganzen Wut eines Geisterwesens.

Mein Freund, der Engel, kletterte von seinem Platz in die Mühle hinauf; ich verharrte alleine, und sogleich hörte die Erscheinung auf. Ich aber fand mich auf einer schön gelegenen Bank an einem Fluß, im Mondschein, und hörte einen Harfner zum Klange seiner Harfe singen. Und sein Lied war: Der Mensch, der nie seine Überzeugungen ändert, ist wie ein stehendes Gewässer und brütet Ungeheuer des Geistes aus. Ich aber erhob mich, suchte nach der Mühle und fand dort meinen überraschten Engel, der mich frug, wie ich entkommen sei.

Ich antwortete: Alles, was wir sahen, entstand schuld deines gründenden Denkens; denn als du fortliefst, fand ich mich selbst auf einer Bank im Mondlicht und hörte einen Harfner. Aber da wir mein ewiges Los nun gesehen haben – sollte ich nicht auch dir das deine zeigen? Er lachte über meinen Vorschlag, ich aber zwang ihn schnell in meine Arme und flog durch die Nacht nach Westen, bis wir über den Schatten der Erde hinaus erhoben waren. Dann stürzte ich mich mit ihm in den Leib der Sonne mitten hinein.

Hier kleidete ich mich in ein weißes Gewand, entsank, in den Händen mit mir tragend Swedenborgs Bücher, den strahlenden Gefilden, und querte alle Planeten, bis wir zum Saturn kamen. Hier hielt ich inne und sprang dann zwischen Saturn und den Fixsternen in die Leere.

Hier, sagte ich, ist dein Los, in diesem Raum, so es Raum genannt werden kann. Bald sahen wir den Stall und die Kirche, und ich führte ihn zum Altar, öffnete die Bibel, und siehe! es war ein tiefer Schacht, in den ich hinabstieg, vor mir hertreibend den Engel.

Bald sahen wir sieben Häuser aus Backstein, von denen wir eines betraten. Darin befanden sich, angekettet in der Mitte, Affen – Paviane und was sonst von dieser Art ist –, zähnefletschend und nach einander beißend, aber jeweils zurückgehalten von der Kürze ihrer Ketten. Ich sah, daß ihre Zahl manchmal wuchs, und dann wurden die Schwachen von den Starken gegriffen und mit grinsender Miene zuerst begattet und dann verschlungen, indem zuerst ein Glied abgerissen wurde, dann ein anderes, bis der Leib als ein hilfloser Stumpf zurückgelassen war. Diesen, nachdem sie ihn mit scheinbarer Zärtlichkeit begafft und geküßt hatten, verschlangen sie ebenso; und hier und dort sah ich einen, der genüßlich das Fleisch von seinem eigenen Schwanz nagte. Als der Gestank uns beide fürchterlich anwiderte, gingen wir in die Mühle, und ich trug in der Hand das Knochengerippe eines Körpers mit mir, das sich in der Mühle erwies als die Logik des Aristoteles.

Da sagte der Engel: Deine Vorstellungskraft hat mir etwas vorgespielt, und du solltest dich schämen. Ich antwortete: Wir spielten beide einander etwas vor; und es ist nichts als verlorene Zeit, mit dir zu sprechen, dessen Werke bloße Verstandeslehre sind.

Gegensätzlichkeit ist wahre Freundschaft.

Tafeln XXI & XXII

Ich habe immer gefunden, daß Engel eitel genug sind, von sich selbst als von den einzig Weisen zu sprechen. Sie tun dies, von sich selbst überzeugt, mit einer Unverschämtheit, welche Folge ist eines rein nach den gefügten Ordnungen verfahrenden Denkens.

So brüstet sich Swedenborg, was er schreibe, sei neu, obwohl es sich nur um die Inhaltsangabe oder ein Wortverzeichnis längst veröffentlichter Bücher handelt.

Ein Mann führte einen Affen mit sich, um ihn zur Schau zu stellen, und weil er ein wenig schlauer war als der Affe, wurde er eitel und fühlte sich gleich um vieles weiser als sieben Männer zusammen. So ist es auch bei Swedenborg: er enttarnt die Torheit der Kirchen und stellt Heuchler bloß, bis er sich einbildet, es seien alles Fromme, er selbst aber sei der Einzige, der jemals ein Netz zerhauen habe.

Nun vernehmt eine nackte Tatsache: Swedenborg hat nicht eine einzige neue Wahrheit niedergeschrieben. Nun vernehmt eine andere: Niedergeschrieben hat er all den alten Unfug.

Und nun hört den Grund: Er sprach mit Engeln, welche alle fromm sind. Und er sprach nie mit Teufeln, welche alle die Frömmigkeit hassen, denn er war unfähig dazu seiner eitlen Überzeugungen wegen.

So sind Swedenborgs Schriften eine Zusammenfassung aller flachen Meinungen; und eine Erklärung zwar der tieferen – jedoch nichts weiter.

Vernehmt nun eine andere nackte Tatsache: Jedermann mit mechanischer Begabung kann aus den Schriften von Paracelsus und Jakob Böhme zehntausend Bände von gleichem Gehalt wie Swedenborgs herstellen, und eine unendliche Zahl aus denen Dantes und Shakespeares.

Aber hat er dies getan, so laßt ihn nicht behaupten, daß er mehr wisse als sein Meister, denn er hält nur eine Kerze in das Sonnenlicht.

Tafeln XXII – XXIV

Einst sah ich in einer Feuerflamme einen Teufel, der sich aufreckte vor einem auf einer Wolke sitzenden Engel. Und der Teufel stieß folgende Worte aus:

Die Anbetung Gottes bedeutet: Seine Gaben in anderen Menschen ehren gemäß dem Geist eines jeden, und die größten Menschen am meisten lieben. Die, welche große Menschen beneiden oder verleumden, hassen Gott, denn es gibt keinen anderen Gott.

Der Engel, da er dies vernahm, wurde beinahe blau, aber indem er sich beherrschte, wurde er gelb, endlich weiß und rosa, und lächelnd entgegnete er sodann:

Du Götzendiener, ist Gott nicht Eins? und ist Er nicht sichtbar in Jesus Christus? und hat nicht Jesus Christus das Gesetz der Zehn Gebote gutgeheißen, und sind nicht alle anderen Menschen Narren, Sünder und Boten des Nichts?

Der Teufel antwortete: Zermahle in einem Mörser mit Weizen einen Narren, und selbst dann wird seine Narrheit ihm nicht ausgetrieben sein. Wenn Jesus Christus der größte Mensch ist, hast du ihn im höchsten Maße zu lieben.

Höre nun, wie er das Gesetz der Zehn Gebote gutgeheißen hat: Verspottete er nicht den Sabbat und verspottete also auch den Gott des Sabbats? Tötete er nicht jene, die seinetwegen getötet wurden? Wandte das Gesetz von dem Weib ab, das des Ehebruchs schuldig war? Nahm anderen ihr Werk, damit sie ihm halfen? Legte falsches Zeugnis ab, als er es unterließ, sich vor Pilatus zu verteidigen? Begehrte, als er für seine Jünger betete, und als er forderte, daß sie den Staub von ihren Füßen schüttelten wider jene, die ihnen Herberge verweigerten? Ich sage dir: Keine Tugend ist lebendig, die nicht diese Zehn Gebote bricht. Jesus war ganz Tugend und handelte nach eigenem Drang, nicht aufgrund von Regeln.

Als er so gesprochen hatte, sah ich den Engel seine Arme ausbreiten und eine Feuerflamme umarmen, und er wurde verzehrt und erhob sich als Elia.

Merke: Dieser Engel, der jetzt ein Teufel geworden ist, ist jener Freund: oft lesen wir zusammen die Bibel nach ihrem höllischen oder teuflischen Sinn, den die Welt empfangen wird, wenn ihr Betragen gut ist.

Die Bibel der Hölle ist in meinem Besitz; die Welt, ob sie will oder nicht, soll sie bekommen.

Ein einziges Gesetz für Löwe und Ochse
ist Unterdrückung.

EIN GESANG DER FREIHEIT

1.

Das Ewige Weib stöhnte!
Über die ganze Erde ward es gehört:

2.

Albions Küste ist siech, schweigt;
Die Fluren Amerikas matt.

3.

Der Kunde Schatten flimmern vorüber an
Den Seen und Flüssen und raunen über
Das Meer. Frankreich, reiße
Deine Kerker nieder;

4.

Goldenes Spanien, zerbrich
Die Schranken des alten Rom,

5.

Schleudre deine Schlüssel, o Rom,

Hinab in die Tiefe; fallen laß sie, und sei's,

Daß sie zur Ewigkeit fallen.

6.

Und weine!

7.

In ihre zitternden Hände nahm sie den neu-

Geborenen Schrecken und heulte:

8.

Auf jenen unendlichen Bergen des Lichts,

Abgerückt jetzt vom Atlantischen Meer,

Stand vor dem sternenfunkelnden König

Das neugeborene Feuer.

9.

Bewehrt mit grau schimmerndem Schnee

Und wie Donner einem Gesicht

Wogten über der Tiefe eifer-

Süchtig die Schwingen.

10.

Zum Himmel empor loderte, speerbewehrt,

Die Hand, losgeschnallt ward der Schild, weiter

Zog inmitten des flammenden Haars
Der Eifersucht Hand und schleuderte
In die sternenleuchtende Nacht
Das neugeborene Wunder.

11.
Das Feuer, das Feuer, es fällt!

12.
Blick auf! Blick auf! O Bürger Londons, weite
Dein Gesicht. O Jude, laß bleiben
Das Zählen von Gold! und kehr zurück
zu dem, was dein ist: Öl und Wein.
O Afrikaner, schwarzer Afrikaner! (Geh,
Geflügelter Gedanke, zu weiten
Seine Stirn.)

13.
Die Glieder, feurig, das Haar, flammend, schossen
Wie die sinkende Sonne nieder
In die westliche See.

14.
Geweckt aus seinem Schlaf, floh hinfort, brüllend,
Das altersgraue Weiß.

15.
Nieder stürzte, vergeblich die Flügel schlagend,
Der eifersüchtige König. Seine Ratsmänner,
Die Brauen ergraut, donnernde Krieger, gelockte
Im Kampf Erprobte; inmitten von Helmen und Schilden
Und Wagen, Pferden, Elefanten; Bannern,
Burgen, Schleudern und Brocken –

16.
Fallen, stürzen, verderben! begraben unter
Den Trümmern in
Der Grube Urthonas;

17.
Nachtlang unter den Trümmern, dann –
Erloschen ihre trüben Flammen –
Tauchen sie auf um
Den düsteren König

18.
Mit Donner und Blitz.
Der, führend seine gestirnten Heere
Durch wüste Ödnis, verkündet Seine
Zehn Gebote, schweifend
Mit den Augenlider-Leuchten,
In dunklem Unmut, über die Tiefe,

19.
Wo, in seiner östlichen Wolke,
Da der Morgen die Brust ihr, die goldene, schmückt,
Der blitzgeborene Sohn,

20.
Die Wolken, ganz aus Flüchen gemalt, vertreibend,
Zu Staub zerstampft das steinerne Gesetz – und,
Befreiend aus
Der Hehle der Nacht die Ewigen Pferde,

Ruft:

Herrschaft ist nicht mehr! jetzt sei
Gekommen für Löwe und Wolf das Ende.

Tafel XXVII

CHOR

Laßt die Priester des Morgendämmerungsraben nicht län-
ger / In Todesschwarz, mit heiserem Laut, verfluchen die
Söhne / Der Freude. Noch laßt seine erwählten Brüder, die
er, / Tyrann!, Freie nennt, legen den Grund, errichten das
Dach.

Nicht laßt bloße Frömmlergeilheit nennen / Unbefleckt
Begehrendes, das nicht handelt!

DENN ALLES
LEBENDIGE
IST HEILIG